I0840875